Bibliografische Information der Deutschen Nationalbibliothek:

Die Deutsche Bibliothek verzeichnet diese Publikation in der Deutschen National-
bibliografie; detaillierte bibliografische Daten sind im Internet über http://dnb.d-
nb.de/ abrufbar.

Impressum:

Copyright © 2018 GRIN Verlag
Druck und Bindung: Books on Demand GmbH, Norderstedt Germany
ISBN: 9783668877764

Dieses Buch bei GRIN:

https://www.grin.com/document/455402

Andreas Paech

Aus der Reihe: e-fellows.net stipendiaten-wissen

e-fellows.net (Hrsg.)

Band 2984

Die Blockchain-Technologie. Funktionsweise, Einsatzsze-
narien und Geschäftsmodelle

GRIN Verlag

GRIN - Your knowledge has value

Der GRIN Verlag publiziert seit 1998 wissenschaftliche Arbeiten von Studenten, Hochschullehrern und anderen Akademikern als eBook und gedrucktes Buch. Die Verlagswebsite www.grin.com ist die ideale Plattform zur Veröffentlichung von Hausarbeiten, Abschlussarbeiten, wissenschaftlichen Aufsätzen, Dissertationen und Fachbüchern.

Besuchen Sie uns im Internet:

http://www.grin.com/

http://www.facebook.com/grincom

http://www.twitter.com/grin_com

FernUniversität in Hagen

Blockchain: Funktionsweise, Einsatzszenarien und Geschäftsmodelle

Seminararbeit

im Studiengang Wirtschaftsinformatik (M.Sc.)

Vorgelegt der Fakultät für Wirtschaftswissenschaft

der FernUniversität in Hagen

Lehrstuhl für Betriebswirtschaftslehre,

insbesondere Betriebliche Anwendungssysteme

Von: Andreas Paech

Abgabe am: 04.11.2018

Wintersemester 2018/19

Inhaltsverzeichnis

Tabellenverzeichnis

Abkürzungsverzeichnis

IT   Informationstechnologie

1 Einleitung

Nakamoto (2008) führte mit Bitcoin indirekt auch die Blockchain-Technologie ein. Während Bitcoin auf stetig wachsendes Interesse stieß (Zhao, Fan und Yan 2016, 2), auch in wissenschaftlichen Veröffentlichungen, wurde die Blockchain-Technologie in der Forschung zunächst nicht fokussiert. Seit 2015 gibt es jedoch die ersten Veröffentlichungen über die Blockchain-Technologie, deren Anzahl seitdem deutlich ansteigt (Zhao, Fan und Yan 2016, 3). Der Blockchain-Technologie wird mittlerweile das Potential zugetraut, die nächste disruptive Innovation nach dem Internet zu sein, indem das Vertrauensproblem des Internets gelöst wird (Zhao, Fan und Yan 2016, 2). Außerdem identifizieren Lindman, Tuunainen und Rossi (2017, 1533) die Blockchain-Technologie als grundlegende technische Innovation für die Digitalisierung. Weitere Autoren äußern sich ähnlich bezüglich des Innovationspotentials der Blockchain-Technologie (Peters und Panayi 2016, 239; Underwood 2016, 15; Zhao, Fan und Yan 2016, 2; Brandon 2016; Kaaniche und Laurent 2017, 1).

Zunächst fokussierte sich die Erforschung der Blockchain-Technologie auf die technische Funktionsweise, Effizienz, Sicherheit und Anwendungsmöglichkeiten, sowie die juristischen Auswirkungen (Lindman, Tuunainen und Rossi 2017, 1533; Zhao, Fan und Yan 2016, 2; Batubara, Ubacht und Janssen 2018). Darauf aufbauend wurden dann Einsatzszenarien der Blockchain-Technologie beschrieben (Allessie, Sobolewski und Vaccari 2018). Diese werde nun als Grundlage genommen, um konkrete Geschäftsmodelle zu identifizieren und zu beschreiben. Dieses ist bisher noch nicht erfolgt. Dabei soll eine Bewertung erfolgen, inwiefern der Einsatz der Blockchain-Technologie notwendig ist, für die Umsetzung des Geschäftsmodells oder ob das Geschäftsmodell auch mit alternativen Technologien umgesetzt werden kann.

Die konkrete Forschungsfrage lautet:

Wie können Geschäftsmodelle auf Basis der Blockchain-Technologie aussehen?

Hierzu soll zunächst kurz die technische Funktionsweise der Blockchain-Technologie beschrieben werden. Danach erfolgt eine Identifizierung bisheriger Einsatzszenarien anhand einer Literaturstudie. Abschließend werden aus den identifizierten Einsatzszenarien Geschäftsmodelle für Unternehmen abgeleitet und bewertet im Hinblick auf die Notwendigkeit des Einsatzes der Blockchain-Technologie anhand der beschriebenen Funktionsweise.

Zur Beantwortung der Forschungsfrage wurde eine Literaturrecherche in den Daten-banken EBSCOhost Applied Science & Technology Source und Business Source Ultimate, ACM Digital Library (Full-Text Collection) sowie IEEE Xplore Digital Library durchgeführt. Als Suchabfrage wurde

blockchain AND (usage OR potentials OR opportunities OR risks OR challenges OR business OR benefits OR use case)

auf das Feld Titel verwendet. Weiter eingeschränkt wurde der Publikationstyp auf Konferenzbeiträge und Journal-Artikel, sowie auf die Sprachen Englisch und Deutsch. Anhand des Titels und der Zusammenfassung wurden von den gelieferten Suchergeb-nissen weitere Artikel herausgefiltert. EBSCOhost lieferte 32 Suchergebnisse von de-nen 17 herausgefiltert wurden. Von den sechs Suchergebnissen in der ACM Digital Library verblieben vier, die ausgewertet werden. Die 40 Suchergebnisse von IEEE Xplore wurden auf 13 reduziert. Porru et al. (2017) wurde in allen drei Datenbanken als Suchergebnis zurückgegeben. Sonst traten keine Duplikate auf.

Neben den Ergebnissen aus der Literaturrecherche wurden noch die Veröffentlichun-gen von Lindman, Tuunainen und Rossi (2017), Zheng et al. (2017), Zhao, Fan und Yan (2016), Peters und Panayi (2016) und Nomura Research Institute (2016) verwen-det, die den ursprünglichen Ausgangspunkt bilden. Die Funktionsweise der Block-chain-Technologie wird anhand der genannten Literatur beschrieben und ergänzt durch Nakamoto (2008). Der Ausgangspunkt für die Beschreibung der möglichen Ge-schäftsmodelle ist die Definition von Geschäftsmodellen für elektronische Märkte von Timmers (1998).

2   Funktionsweise der Blockchain-Technologie

Der Begriff der Blockchain wird in Nakamoto (2008) nicht erwähnt, stattdessen wird nur von „chain" der Blöcke gesprochen. Erst später haben Autoren der Bitcoin zugrundeliegenden Technologie den Namen Blockchain gegeben. Von daher gibt es keine allgemeingültige, verwendete Definition des Begriffes „Blockchain". Im Folgenden wird eine aus der verwendeten Literatur aggregierte Definition gegeben.

Eine Blockchain ist eine verteilte Datenbank aus Blocksequenzen, die die gesamten verifizierten unveränderlichen Transaktionsaufzeichnungen enthalten, in einer Umgebung mit begrenztem Vertrauen (Zheng et al. 2017, 4; Lindman, Tuunainen und Rossi 2017, 1534; Hossain 20.09.2017 - 22.09.2017, 61). Dazu werden bekannte Technologien wie Hashing, asymmetrischer Verschlüsselung, digitaler Signatur, verteilten Konsensalgorithmen und Peer-to-Peer-Netzwerken miteinander neu kombiniert (Nakamoto 2008, 1; Nomura Research Institute 2016, 17; Zhao, Fan und Yan 2016; Zheng et al. 2017, 4; Nomura Research Institute 2016, 16). Diese werden im folgenden Abschnitt 2.1 näher beschrieben. Darauf aufbauend folgt der Aufbau der einzelnen Blöcke und der Blockchain. Charakteristiken der Blockchain-Technologien ergeben sich aus den verwendeten Basis-Technologien und dem Aufbau und werden in Abschnitt 2.3 dargestellt.

2.1   Basis-Technologien

Beim Hashing wird durch eine mathematische Funktion eine Zeichenkette beliebiger Länge auf eine Zeichenkette fester Länge transformiert. Diese wird dann Hash genannt (Filipova 2018, 81).

Die asymmetrische Verschlüsselung basiert auf der Verwendung von zwei Schlüsseln, einem privaten und einem öffentlichen. Der Sender verschlüsselt die Nachricht mit dem öffentlichen Schlüssel des Empfängers und dieser kann die Nachricht dann nur mit seinem privaten Schlüssel entschlüsseln (vgl. Nomura Research Institute 2016, 8). Die Digitale Signatur verbindet Hash und asymmetrische Verschlüsselung und stellt die Authentizität einer übertragenen Nachricht sicher. Dazu nutzt der Sender seinen eigenen privaten Schlüssel zur Bestimmung eines Hashes der Nachricht, der mitgesendet wird. Der Empfänger nutzt dann den öffentlichen Schlüssel des Senders zur Bestimmung des Hashes aus der Nachricht. Bei unveränderter Übertragung der Nachricht stimmen die Hashes dann überein (Nomura Research Institute 2016, 8).

Peer-to-Peer-Netzwerke bestehen im Gegensatz zu klassischen Client-Server-Netz-
werken aus gleichberechtigten Teilnehmern[1] (Netzwerk-Knoten) und diese überneh-
men dann sozusagen beide Rollen eines Servers und Clients (Nomura Research Institute 2016, 9).

Für die Verifikation von Transaktionen werden verteilte Konsensalgorithmen verwendet (Zhao, Fan und Yan 2016). Diese lösen das „Byzantinische Generäle"-Problem
(vgl. Zheng et al. 2017): eine Gruppe von Generälen befehlen jeweils einen Teil einer
angreifenden Armee. Für einen Erfolg des Angriffs müssen jedoch alle Generäle zu-
sammen angreifen und zur Koordination miteinander kommunizieren. Allerdings können Generäle auch Verräter seien. Um dieses Problem zu lösen, das sich auf die Blockchain übertragen lässt, gibt es verschiedene Algorithmen. Die Generäle sind in der
Blockchain die Netzwerk-Knoten und die Mehrheit muss einen Konsens finden zur
Verifikation der Blöcke (Zhao, Fan und Yan 2016). Zheng et al. (2017, 10) haben eine
Übersicht verbreiteter Konsensalgorithmen zusammengestellt.

	PoW	PoS	PBFT	DPOS	Ripple	Tendermint
Knoten-Identifizierung	offen	offen	Rechtesystem	offen	offen	Rechtesystem
Energie sparen	nein	teils	ja	teils	ja	Ja
„Gegner"-Toleranz	< 25%	< 51%	< 33.3%	< 51%	< 20%	< 33.3%
Beispiele	Bitcoin	Peercoin	Hyperledger Fabric	Bitshares	Ripple	Tendermint

Tabelle 1 Überblick verbreiteter verteilter Konsensalgorithmen
(Zheng et al. 2017, 10)

Nachdem nun die Basis-Technologien beschrieben worden sind, wird nun auf den Aufbau der Blöcke, unter Verwendung der Basis-Technologien, und der Blockchain ein-
gegangen. Anschließend folgt die Bestimmung von Charakteristiken, die sich aus den
Basis-Technologien und dem Aufbau ergeben.

---

[1] engl. Nodes

2.2 Aufbau der Blöcke und der Blockchain

Die Netzwerkknoten der Blockchain versieht den Block einer Transaktion mit einem Zeitstempel, berechnet den Hash des Blockes und verkettet diese linear chronologisch, sofern ein Konsens zwischen den Knoten gefunden wurde (Nakamoto 2008, 1; Akram 2017). Die entstehende längste Kette gilt als „die richtige", weil sie von der Mehrheit der Knoten berechnet wurde (Nakamoto 2008, 1). Durch die Verkettung der Blöcke einer Transaktion ist dessen gesamte Historie sichtbar (Lindman, Tuunainen und Rossi 2017, 1534).

Ein einzelner Block enthält die Version, einen Zeitstempel, den Hash des Vorgänger-Knotens, den Merkle-Tree-Hash (Hash über alle Transaktionen des Blocks), ein Nonce-Feld (beim Proof-of-Work zur Bestimmung der Nullen-Serie im Hash) und die Transaktionsdaten (Nomura Research Institute 2016, 14; Zheng et al. 2017).

Man kann Blockchains nach dem Grad der Öffentlichkeit gruppieren: es gibt öffentliche, teil-öffentliche und private Blockchains (Zheng et al. 2017, 6). Die Öffentlichkeit bezieht sich hier vor allem auf die Netzwerkknoten, die den Konsens durchführen, aber ja nach Öffentlichkeit gibt es auch Einschränkungen bezüglich der Rechte wie Lesen und Ändern der Daten oder Art der Konsensfindung (Zheng et al. 2017, 6). Im Folgenden wird sich jedoch nur auf öffentliche Blockchains bezogen.

2.3 Charakteristiken

Die eingesetzten Basis-Technologien führen im Zusammenspiel zu folgenden Eigenschaften einer Blockchain: die Datenintegrität wird durch Hashing, digitaler Signatur und den Konsensalgorithmen sichergestellt (Nomura Research Institute 2016, 17; Zheng et al. 2017). Die Verteilung der Daten innerhalb der Blockchain zwischen den einzelnen Knoten passiert durch die Konsensalgorithmen und dem Peer-to-Peer-Netzwerk (Nomura Research Institute 2016, 17). Dabei werden die Daten in Echtzeit, jedoch mit einer gewissen zeitlichen Verzögerung, verteilt und im Netzwerk zur Verfügung gestellt (Lindman, Tuunainen und Rossi 2017, 1533). Die Sicherstellung der Datenintegrität bei der Übertragung der Daten zwischen den Knoten wird durch die in der Blockchain genutzten Datenstruktur „Merkle Tree" (oder auch „Hash Tree") sichergestellt (Filipova 2018, 77). Durch die Konsensalgorithmen werden betrügerische Transaktionen aufgedeckt (Zhao, Fan und Yan 2016). Eine Blockchain genügt der Auditierbarkeit, weil jede Transaktion mit einen Zeitstempel versehen wird und die Daten nachträglich nicht verändert werden können (Zheng et al. 2017). Blockchain-Teilneh-mer können anonym sein, wenn sie generierte Adresse(n) verwenden (Zheng et al. 2017).

Zusammengefasst zeichnet sich eine Blockchain also durch folgende Charakteristiken aus: Dezentralisierung, Persistenz, Anonymität, Unveränderlichkeit der Daten, Histo-risierung und Echtzeit-Daten.

3   Einsatzszenarien der Blockchain-Technologie

Nachdem im vorherigen Kapitel die Funktionsweise der Blockchain-Technologie beschrieben worden ist, sollen nun auf Basis der Literaturstudie die Einsatzszenarien dargestellt werden. Die Einsatzszenarien der Blockchain-Technologie kann man anhand der Weiterentwicklung der möglichen Inhalte einer Blockchain in fünf Phasen klassifizieren (Nomura Research Institute 2016, 23). Dieser Klassifizierung folgen auch Alketbi, Nasir und Talib (2018, 114).

Ausgehend von der Blockchain zur Aufzeichnung der Transaktionshistorie von Bitcoins, kann man die Blockchain auch erweitern zur Verwaltung anderer virtueller Werte. Die Blockchain ist technisch nicht daran gebunden nur „Werte" zu verwalten, sondern man kann den Inhalt frei bestimmen für Güter und Dienstleistungen im Allgemeinen wie Autos, Immobilien, Konzert-Tickets oder Gutscheine. Dann bildet man mit der Blockchain auch komplette Transaktionen der realen Welt digital ab. Durch die Gewährleistung der Blockchain-Technologie, dass man das Besitzverhältnis jederzeit nachweisen kann, kann man auch Rechte, z.B. in Form von Dokumenten, damit abbilden. Wenn man jedoch anstatt statischer Inhalt ein Programm als Inhalt verwendet, so können Veränderungen aktiv und automatisiert von der Blockchain ausgelöst oder überprüft.

Zusammenfassend sind die Phasen: Blockchain zur Verwaltung von virtuellen Werten wie z.B. auch Bitcoins, Blockchain zur Abbildung von Transaktionen, Blockchain zur Abbildung von Rechten und die Automatisierung von Transaktionen und Rechten mittels der Blockchain-Technologie. In den folgenden Abschnitten werden für jede Phase Einsatzszenarien beschrieben. Die Bitcoin-Verwaltung fällt hier in die Phase der „Verwaltung virtueller Werte".

3.1   Verwaltung virtueller Werte

Bei der Verwaltung virtueller Werte stehen Anwendungen im Zahlungs-/Finanzenkontext im Vordergrund – die Blockchain bietet hier die Grundlage für eine neue Infrastruktur (Reyna et al. 2018, 186). Die folgenden Einsatzszenarien sind durch die inhaltliche Nähe zur Bitcoin naheliegend. Die technische Umsetzung entspricht der der Bitcoin. Anwendungen der Blockchain können dann weitere Währungen wie Bitcoin (Alketbi, Nasir und Talib 2018, 114; Brandon 2016; White 2017, 447; Reyna et al. 2018, 186; Zhao, Fan und Yan 2016; Nowiński und Kozma 2017; Lindman, Tuunainen und Rossi 2017, 1534; Tasatanattakool und Techapanupreeda 2018, 474; Lindman, Tuunainen und Rossi 2017, 1538), Verwaltung von Vermögenswerten[2] (Peters und Panayi 2016; Brandon 2016), insbesondere der Transfer von Vermögenswerten (Brandon 2016; Zhao, Fan und Yan 2016; Peters und Panayi 2016), Transaktionen an der Börse (Nomura Research Institute 2016, 35; Alketbi, Nasir und Talib 2018, 114; White 2017, 447), Transaktionen von Private Equity (Zhao, Fan und Yan 2016), Derivate-Handel (Surujnath 2017) bis zu Finanzkontrakten im Allgemeinen sein (Alketbi, Nasir und Talib 2018, 114; Nomura Research Institute 2016, 35; Brandon 2016; White 2017, 447).

Daneben sind auch Anwendungen als Crowdfunding-Platform (Peters und Panayi 2016; Nomura Research Institute 2016, 35; Zhao, Fan und Yan 2016) oder Mikrozahlungen (Nomura Research Institute 2016, 35; Alketbi, Nasir und Talib 2018, 114; Lindman, Tuunainen und Rossi 2017, 1533) möglich. Die Mikrozahlungen für und innerhalb von Entwicklungsländern nutzen besonders das Vertrauen der Blockchain (Nomura Research Institute 2016, 35; Alketbi, Nasir und Talib 2018, 114; Lindman, Tuunainen und Rossi 2017, 1533).

Eine andere Anwendung ist in der Buchhaltung zu finden, insbesondere in der Buchungskontrolle (Smith 2018; Brandon 2016; Lindman, Tuunainen und Rossi 2017, 1533; Smith 2018; Zhao, Fan und Yan 2016). Durch die Transparenz und Unveränderlichkeit der Daten in einer Blockchain werden viele Kontrollen automatisiert (Smith 2018).

3.2 Abbildung von Transaktionen

Bisher wurden Einsatzszenarien für virtuelle Werte bzw. Finanztransaktionen vorgestellt. Man kann die Blockchain jedoch außerhalb dieses Kontextes einsetzen und z.B. „Internet of Things" mit der Blockchain verbinden und so eine unveränderliche, transparente Nachverfolgung von Geräten durchführen, die jedoch auch anonym ist (Zheng et al. 2017, 12; Nomura Research Institute 2016, 35; Lindman, Tuunainen und Rossi 2017, 1535; Alketbi, Nasir und Talib 2018, 115). Die Nachverfolgung von Geräten kann man dann in die bereits genannte Buchhaltung integrieren für das Inventar (Reyna et al. 2018, 186; Lindman, Tuunainen und Rossi 2017, 1533; Zheng et al. 2017,

---

[2] engl. Assets

13; Zhao, Fan und Yan 2016; Lindman, Tuunainen und Rossi 2017, 1535; Zhang und Wen 2017). Verfolgt man diesen Gedanken weiter und verlässt die Grenzen eines Unternehmens, dann kann die Blockchain auch für das Supply Chain Management und zur Rückverfolgbarkeit der Produkte genutzt werden (Nomura Research Institute 2016, 35; White 2017, 447; Reyna et al. 2018, 186; Zheng et al. 2017, 12; Szewczyk 2017; Zhao, Fan und Yan 2016; Lindman, Tuunainen und Rossi 2017, 1535; Bocek et al. 2017, 773; Lacity 2018). Auch bietet sich hier der Einsatz bei Sharing-Anbietern an (Nomura Research Institute 2016, 35; Reyna et al. 2018, 186; Lindman, Tuunainen und Rossi 2017, 1535; Nowiński und Kozma 2017) oder zur Rückverfolgung von „Grüner Energie" (Zheng et al. 2017, 12; Reyna et al. 2018, 186; Lacity 2018; Hinterstocker et al. 2018, 1).

3.3 Abbildung von Rechten

Neben der Abbildung von Transaktionen bieten sich auch „Rechte" an, die aus technischer Sicht nicht anderes sind als virtuelle Werte. In der Regel ist es jedoch nicht einfach einem Recht einen konkreten numerischen Wert zuzuweisen, wie bei den bereits dargestellten Einsatzszenarien.

Rechte finden sich u.a. auch im öffentlicher Sektor, in dem die Blockchain eingesetzt werden kann (Reyna et al. 2018, 186). Beispiele für Rechte sind Grundbucheinträge, Geburtsurkunden (mit dem Recht der Staatsangehörigkeit), Wählerlisten, KFZ-Zulassung, Heirat (Zheng et al. 2017, 12; Nomura Research Institute 2016, 35; Zheng et al. 2017, 14; Alketbi, Nasir und Talib 2018, 115; Brandon 2016; Lindman, Tuunainen und Rossi 2017, 1533). Nicht nur Wählerlisten, bzw. das Recht wählen zu dürfen, kann mittels der Blockchain abgebildet werden, sondern komplette Wahlen in digitaler Form (Nomura Research Institute 2016, 35; White 2017, 447; Zhao, Fan und Yan 2016; Alketbi, Nasir und Talib 2018, 115; Bocek et al. 2017, 773; Akram 2017). Ein weiteres Einsatzszenario aus dem öffentlichen Sektor ist die (Einkommens-)Besteuerung (Zheng et al. 2017, 14), die mittels der Blockchain umgesetzt werden kann und so weiter automatisiert wird.

Die dargestellten Einsatzszenarien im öffentlichen Sektor für z.B. Geburts- oder Heiratsurkunden zielen auf verifizierte Dokumente ab – diese müssen allerdings nicht zwingend von öffentlicher Hand bereitgestellt werden. Auch können z.B. Testamente von Privatpersonen (Bocek et al. 2017, 773; Chen, Zhixong und Zhu, Yixuan 2017,

93; Brandon 2016) so verifiziert werden bzw. jede andere Art von Dokument. Die Blockchain kann auch für ein besonderes Dokument „Digitale ID" genutzt werden, durch die eine Person eindeutig identifiziert wird (Nomura Research Institute 2016, 35; Bocek et al. 2017, 772; Brandon 2016; Reyna et al. 2018, 186; Zheng et al. 2017, 12; Alketbi, Nasir und Talib 2018, 114).

Man kann die Blockchain also als Speichermedium für Daten ansehen, die unveränderlich sein müssen oder Änderungen verlässlich nachverfolgbar sein müssen (Kaaniche und Laurent 2017, 1). Durch die Charakteristiken der Blockchain sind die so bereitgestellten Daten resistent gegenüber DDoS[3]-Angriffen, ohne Ausfallzeiten und ebenfalls resistent gegenüber Zensur (Bocek et al. 2017, 773; White 2017, 447; Reyna et al. 2018, 186; Zheng et al. 2017, 15). Dies qualifiziert die Blockchain auch als Technologie für den Betrieb vom DNS[4].

Darüberhinaus ist die Blockchain zunächst auch anonym und lässt sich deshalb mit den genannten Charakteristiken und Einsatzszenarien auch als zentrale Plattform für Gesundheitsdaten nutzen (Nomura Research Institute 2016, 35; Alketbi, Nasir und Talib 2018, 114; Brandon 2016; Reyna et al. 2018, 186; Tasatanattakool und Techapanupreeda 2018, 474). Es besteht jedoch die Gefahr, dass man anhand der Gesundheitsdaten die Person identifizieren kann. Von daher gibt es auch den Vorschlag, anstatt der Gesundheitsdaten nur jeweilige Verweise auf die eigentlichen Dokumente innerhalb der Blockchain zu speichern (Mertz 2018, 9).

Ein anderes Recht, das Eigentum, wird zum „Smart Property", wenn es mittels der Blockchain abgebildet wird. Dabei kann es sich um Luxusgüter wie Diamanten (Nomura Research Institute 2016, 35; Bocek et al. 2017, 772; Lindman, Tuunainen und Rossi 2017, 1535; Nowiński und Kozma 2017) oder Kunstwerke (Bocek et al. 2017, 773; Alketbi, Nasir und Talib 2018, 114) handeln. Aber auch für das Urheberrecht bzw. Lizenzen lässt sich die Blockchain einsetzen (Brandon 2016; Zhao, Fan und Yan 2016), z.B. in der Musik- und Medien-Industrie (Nowiński und Kozma 2017; Reyna et al. 2018, 186); (Zheng et al. 2017, 14). Ein weiterer möglicher Anwendungsfall zur Abbildung von (virtuellem) Eigentum ist die Domain-Registrierung (Peters und Panayi 2016).

---

[3] DDoS = Distributed Denial of Service
[4] DNS = Domain Name System

Auch für Endkunden gibt es eine Vielzahl von möglichen Einsatzszenarien, die mittels einer Blockchain umgesetzt werden können. Beispiele hierfür sind Reservierungen (Brandon 2016), Gutscheine (Brandon 2016), Kundenbewertungen (White 2017, 447)

3.4 Automatisierung von Transaktionen und Rechten

Erweitert man die Blockchain um eine Komponente zur Ausführung von Programmen bei bestimmten Triggern, dann kann man „Smart Contracts" umsetzen (Alketbi, Nasir und Talib 2018, 114; Lindman, Tuunainen und Rossi 2017, 1533; Zheng et al. 2017, 13; Peters und Panayi 2016; Tasatanattakool und Techapanupreeda 2018, 474; Smith 2018; Surujnath 2017; Mendling et al. 2018, 4). Diese können dann anhand der Daten in der Blockchain die korrekte Ausführung des Vertrages sicherstellen. Dieses Konzept kann auch auf bereits vorgestellte Einsatzszenarien angewendet werden, wie z.b. beim Supply Chain Management für Medikamente bei denen die korrekte Temperatur über den Smart Contract überwacht wird (Bocek et al. 2017, 774).

Verfolgt man die bereits genannten Einsatzszenarien Grundbucheintrag und Smart Property weiter, dann kann man weitergehen und die komplette Transaktionen vom Grundeigentumsver-/kauf mittels einer Blockchain abbilden, so dass kein Makler benötigt wird, weil alle notwendigen Informationen in der Blockchain sind (Alketbi, Nasir und Talib 2018, 114; Bocek et al. 2017, 773; Reyna et al. 2018, 186; Nowiński und Kozma 2017).

Die vorgestellten Einsatzszenarien für die Verwaltung von virtuellen Werten bzw. von Finanztransaktionen kann man ebenfalls mit einem Smart Contract kombinieren. Daraus ergeben sich dann vielfältige Möglichkeiten im Rahmen vom automatischen Risikomanagement, je nach Gestaltung des Smart Contracts (Peters und Panayi 2016; Zhao, Fan und Yan 2016; Zheng et al. 2017, 12).

Die Zusammenarbeit von Unternehmen im Rahmen von Geschäftsprozessen kann ebenfalls von einer Blockchain unterstützt werden – bisher ist v.a. das Vertrauen zwischen den Teilnehmern eine Herausforderung, das durch die Blockchain gelöst wird (Carminati, Rondanini und Ferrari 2018, 58; Johng et al. 2018, 249; White 2017, 447; Zheng et al. 2017, 13; Mendling et al. 2018, 4). Darüber hinaus kann man einen Geschäftsprozess, der formal beschrieben ist, wie z.B. mit BPEL[5], in einen Smart

---

[5] BPEL = Business Process Execution Language

Contract übersetzen und so auch die Kontrolle automatisieren. Zur Behandlung sensitiver Daten innerhalb der öffentlichen Blockchain, die für diese Kontrolle benötigt würden, gibt es bereits Forschungsarbeiten (Carminati, Rondanini und Ferrari 2018, 65).

4 Geschäftsmodelle der Blockchain-Technologie

Nachdem zuerst die Funktionsweise der Blockchain-Technologie beschrieben und dann die Einsatzszenarien aufgezeigt wurden, werden nun die Einsatzszenarien beurteilt und Geschäftsmodelle basierend auf der Blockchain-Technologie abgeleitet. Als Grundlage für die Beurteilung wird der Begriff Geschäftsmodell definiert und die Einsatzszenarien werden geprüft, ob diese den Anforderungen der Definition genügen. Als weiteres Kriterium der Beurteilung wird hinzugefügt, ob das Einsatzszenario zwingend mit der Blockchain-Technologie umgesetzt werden muss, oder ob alternative Technologien ebenfalls verwendet werden könnten. Hierfür wird überprüft, ob die Einsatzszenarien alle Basis-Technologien und Charakteristiken der Blockchain nutzen. Die Einsatzszenarien, die die Kriterien der Beurteilung erfüllen, sind dann die Grundlage für Geschäftsmodelle und beantworten so die eingangs genannte Forschungsfrage, wie Geschäftsmodelle auf Basis der Blockchain-Technologie aussehen können.

Zott, Amit und Massa (2011) geben auf Basis einer umfangreichen systematischen Literaturstudie einen Überblick über die verschiedenen Definitionen von Geschäftsmodellen und arbeiten Gemeinsamkeiten heraus. Es wird im Folgenden die Definition von Geschäftsmodellen für elektronische Märkte von Timmers (1998, 4) zugrunde gelegt. Ein Geschäftsmodell besteht demnach aus drei konstitutiven Elementen: einer Produktarchitektur, die Service- und Informationsflüsse, Aktoren und Rollen aufzeigt, einer Beschreibung des Nutzens für die verschiedenen Aktoren, sowie einer Beschreibung der Einkommensquelle (Timmers 1998, 4).

Die dargestellten Einsatzszenarien müssen also die Kriterien Produktarchitektur, Beschreibung von Nutzen und Einkommen, sowie Notwendigkeit Blockchain-Technologie erfüllen, um die Grundlage für ein Geschäftsmodell im Sinne der Forschungsfrage zu bilden. Für die Beschreibung möglicher Produktarchitekturen und der technischen Umsetzung mittels der Blockchain wird verzichtet und stattdessen auf die in Kapitel 3 genannten Quellen der Einsatzszenarien hingewiesen. Der Fokus der Beurteilung liegt auf den Kriterien Nutzen und Einkommen. Die Reihenfolge der Beurteilung der Einsatzszenarien richtet sich nach der Gliederung in Kapitel 3. Abschließend wird die Beurteilung zusammenfassend kritisch reflektiert.

4.1 Beurteilung der Einsatzszenarien als potentielle Geschäftsmodelle

Aus Platzgründen kann die Beurteilung an dieser Stelle nur grob zusammengefasst werden. Für die genannten Einsatzszenarien ergeben sich als Einkommensquelle Kosteneinsparungen durch Effizienzsteigerungen aus der Erhöhung des Automatisierungsgrades. Der Nutzen der Einsatzszenarien begrenzt sich auf die genannte Erhöhung der Automatisierung bzw. der steigenden Digitalisierung für vorher nicht abbildbare Szenarien wie die Smart Contracts. Darüber hinaus wurden jedoch keine Einsatzszenarien identifiziert, die grundlegend neu sind. Es handelt sich also nur um Verbesserung bestehender Geschäftsmodelle.

4.2 Kritische Reflexion

Die nun identifizierten Geschäftsmodelle sollen nun schlussendlich inhaltlich kritisch reflektiert werden und die Ergebnisse mit der Literatur verglichen werden. Alle dargestellten Einsatzszenarien erfüllen formal die definierten Kriterien für Geschäftsmodelle. Jedoch wird in den genannten Einsatzszenarien, als Geschäftsmodell, für die Kriterien Nutzen und Einkommensquelle hauptsächlich Automatisierung, Effizienzsteigerungen und somit Kosteneinsparungen identifiziert. Die Blockchain wurde eingangs auch als Innovation bezeichnet. Lindman, Tuunainen und Rossi (2017, 1534) bezeichnen die Blockchain sogar als technische und ökonomische Innovation und führen aus, dass neue Geschäftsmodelle auf Basis der Blockchain-Technologie entwickelt werden können (Lindman, Tuunainen und Rossi 2017, 1536). Der Aussage der technischen Innovation kann man in Anbetracht des identifizierten Nutzens der Automatisierung noch folgen. Es ist jedoch fragwürdig, ob man von einer ökonomischen Innovation sprechen kann, wenn der Nutzen aus reinen Effizienzsteigerungen besteht.

Bei der Beurteilung der Einsatzszenarien und dem Versuch der Zurückführung des Nutzens auf die konkreten Charakteristiken der Blockchain-Technologie ist aufgefallen, dass dies nicht möglich war. Denn in der Regel bestimmte sich der Nutzen dann aus einer einzelnen Basis-Technologie, die zwar in diesem Einsatzszenario bisher nicht angewendet wurde, aber der Nutzen bestimmte sich nicht aus der Kombination der Basis-Technologien. Somit ist zu bezweifeln, dass der Nutzen durch die Blockchain an sich gewonnen wird. Dies entspricht auch den Ergebnissen von Halaburda (2018), die eben hervorhebt, dass der Nutzen nicht von der Blockchain sondern von den einzelnen Basis-Technologien stammt. Auch das Nomura Research Institute

(2016, 47) kommt zum selben Ergebnis. Sie haben konkret die Einsatzszenarien Währung, Grundbrucheintrag, Supply Chain Management, Sharing-Services und Smart Contracts im Hinblick auf den Einsatz der Basis-Technologien bewertet und keines der Einsatzszenarien hat alle Charakteristiken bzw. Basis-Technologien verwendet.

Bei der Beurteilung der Geschäftsmodelle dürfen auch nicht die inhärenten Schwächen und Herausforderungen der Blockchain-Technologie unberücksichtigt bleiben. Hier seien insbesondere die Skalierbarkeit und Speicherlimitationen genannt (Batubara, Ubacht und Janssen 2018; Reyna et al. 2018, 175), die den Einsatz in vielen Geschäftsmodellen langfristig erschwert. Dazu kommen noch Einschränkungen bei der Sicherheit und Datenschutz einer Blockchain (Reyna et al. 2018, 175, 2018, 176). Darüber hinaus gibt es auch in der theoretischen Fundierung der Blockchain-Technologien Einschränkungen: es sei hierzu auf das CAP[6]- (Nomura Research Institute 2016, 23) und FLP-Impossibility-Theorem[7] (Nomura Research Institute 2016, 23) verwiesen.

Auf der einen Seite wird in der Literatur eine Effizienzsteigerung und Kosteneinsparung bei Nutzung der Blockchain-Technologie identifiziert (Filipova 2018, 87). Andererseits wird gerade diese Kostenersparnis widersprochen und so kontrovers diskutiert (Rimba et al. 2017, 260; Halaburda 2018; Batubara, Ubacht und Janssen; Neyer und Geva 2017, 223). Die Beurteilung der Geschäftsmodelle zu den Einsatzszenarien muss also bzgl. des Kriteriums der Einkommensquelle eingeschränkt werden.

Die Nutzenbewertung der Einsatzszenarien muss ebenfalls teilweise eingeschränkt werden in Bezug auf des Ausmaßes des Nutzens, der bisher nicht ausreichend quantifiziert werden kann. Nowiński und Kozma (2017, 183) beurteilen den Nutzen der Blockchain-Technologie für Geschäftsmodelle im Allgemeinen unabhängig von einzelnen Einsatzszenarien. Sie heben hervor, dass der strategische Nutzen der Blockchain-Technologie bisher nicht ausreichend identifiziert sei (Nowiński und Kozma 2017, 183). Auf den Ebenen Beschaffung, Produktion und Kunden führt der Einsatz der Blockchain-Technologie zu Vereinfachungen und Komplexitätsreduzierungen, z.B. durch die Abschaffung von Intermediären (Nowiński und Kozma 2017, 183).

---

[6] CAP = Consistency (Konsistenz), Availability (Verfügbarkeit) und Partition Tolerance (Ausfalltoleranz) sind in einem verteilten System nicht möglich gleichzeitig zu erreichen

[7] FLP-Impossibility-Theorem = kein 100% Konsens in asynchronen Systemen möglich, wenn die Möglichkeit besteht, dass ein Teilnehmer nicht verfügbar ist

5 Fazit

Ausgangspunkt war die Forschungsfrage wie Geschäftsmodelle auf Basis der Blockchain-Technologie aussehen können. Dazu wurde erst die Funktionsweise der Blockchain-Technologie erklärt. Die Blockchain-Technologie ergibt sich aus der Kombination einzelner Basis-Technologien, die miteinander kombiniert besondere Charakteristiken aufweist. Diese Kombination und der sich daraus ergebende Aufbau wurde ebenso wie die Charakteristiken beschreiben. Zur Identifizierung potentieller Geschäftsmodelle wurde eine Literaturrecherche in den Datenbanken EBSCOhost Applied Science & Technology Source und Business Source Ultimate, ACM Digital Library (Full-Text Collection) sowie IEEE Xplore Digital Library durchgeführt. In den gefilterten Suchergebnissen wurden dann die in Kapitel 3 genannten Einsatzszenarien gefunden, die zur Übersicht kategorisiert worden sind. Anschließend wurden die Einsatzszenarien beurteilt, ob sie den direkt zuvor definierten Anforderungen eines Geschäftsmodells genügen. Abgeschlossen wurde die Beurteilung mit einer kritischen Reflexion, in der auch der gegenwärtige Diskurs in der Literatur aufgegriffen wurde.

Die Forschungsfrage kann beantworten werden, mit der Antwort, dass es eine Vielzahl von Geschäftsmodellen auf Basis der Blockchain-Technologie gibt. Es muss jedoch kritisch hinterfragt werden, ob der Nutzen aus der Blockchain-Technologie an sich oder nur aus einzelnen Basis-Technologien stammt. Auch gibt es mehrere Herausforderungen der Blockchain-Technologie, die es zu beachten gilt.

Es gibt eine Reihe von Limitationen für die gefundenen Ergebnisse. Methodisch ist anzumerken, dass die Literaturrecherche zwar strukturiert dargestellt wurde, aber bei Darstellung und Vorgehensweise keiner systematischen Methode gefolgt wurde, wie z.B. Kitchenham et al. (2009). Auch die Diskussion der gefundenen Literatur in Bezug auf Zeitverlauf oder Verteilungen unterbleibt. Inhaltlich gibt es Mängel in Bezug auf den nötigen Detailgrad aus Platzgründen. Die Konzentration auf ein Einsatzszenario wäre unter den gegebenen Umständen die bessere Vorgehensweise gewesen.

Für die weitere Forschung sei insbesondere auf die kritische Reflexion verwiesen. In der vorliegenden Arbeit wurde gezeigt, dass der Anzahl nach ausreichend definierte und z.T. auch implementierte Einsatzszenarien existieren. Es muss jedoch nun die kritische Beurteilung dieser, als Geschäftsmodelle, weiter vorangetrieben werden. Diese Arbeit liefert hierfür erste Impulse.

Literaturverzeichnis

Akram, Waseem. 2017. „Blockchain Technology: Challenges and Future Prospects."
International Journal of Advanced Research in Computer Science 8 (9).
doi:10.26483/ijarcs.v8i9.4950.

Alketbi, Ahmed, Qassim Nasir und Manar A. Talib. 2018. „Blockchain for government services — Use cases, security benefits and challenges." In *2018 15th Learning and Technology Conference (L&T)*, 112–19: IEEE.

Allessie, David, Maciej Sobolewski und Lorenzino Vaccari. 2018. „Identifying the True Drivers of Costs and Benefits of Blockchain Implementation for Public Services." In *Proceedings of the 19th Annual International Conference on Digital Government Research: Governance in the Data Age*, 118:1-118:2. dg.o '18. New York, NY, USA: ACM. http://doi.acm.org/10.1145/3209281.3209405.

Batubara, F. R., Jolien Ubacht und Marijn Janssen. 2018. „Challenges of Blockchain Technology Adoption for e-Government: A Systematic Literature Review." In *Proceedings of the 19th Annual International Conference on Digital Government Research: Governance in the Data Age*, 76:1-76:9. dg.o '18. New York, NY, USA: ACM. http://doi.acm.org/10.1145/3209281.3209317.

Bocek, Thomas, Bruno B. Rodrigues, Tim Strasser und Burkhard Stiller. 2017. „Blockchains everywhere - a use-case of blockchains in the pharma supply-chain." In *2017 IFIP/IEEE Symposium on Integrated Network and Service Management (IM)*, 772–77: IEEE.

Brandon, Dan. 2016. „The Blockchain: The Future of Business Information Systems?". *International Journal of the Academic Business World* 10 (2): 33–40. http://search.ebscohost.com/login.aspx?direct=true&db=bsu&AN=118510958&site=ehost-live.

Carminati, Barbara, Christian Rondanini und Elena Ferrari. 2018. „Confidential Business Process Execution on Blockchain." In *2018 IEEE International Conference on Web Services (ICWS)*, 58–65: IEEE.

Chen, Zhixong und Yixuan Zhu. 2017. „Personal Archive Service System using Blockchain Technology: Case Study, Promising and Challenging." In *2017 IEEE International Conference on AI & Mobile Services (AIMS)*, 93–99: IEEE.

Filipova, Nadezhda. 2018. „Blockchain - An Opportunity For Developing New Business Models." *Business Management / Biznes Upravlenie* (2): 75–92. http://search.ebscohost.com/login.aspx?direct=true&db=bsu&AN=130406192&site=ehost-live.

Halaburda, Hanna. 2018. „Blockchain revolution without the blockchain?". *Commun. ACM* 61 (7): 27–29. doi:10.1145/3225619.

Hinterstocker, Michael, Christa Dufter, Serafin von Roon, Alexander Bogensperger und Andreas Zeiselmair. 2018. „Potential Impact of Blockchain Solutions on Energy Markets." In *2018 15th International Conference on the European Energy Market (EEM)*, 1–5.

Hossain, Syed A. 2017 - 2017. „Blockchain computing: Prospects and challenges for digital transformation." In *2017 6th International Conference on Reliability, Infocom Technologies and Optimization (Trends and Future Directions) (ICRITO)*, 61–65: IEEE.

Johng, Haan, Doohwan Kim, Tom Hill und Lawrence Chung. 2018. „Using Blockchain to Enhance the Trustworthiness of Business Processes: A Goal-Oriented Approach." In *2018 IEEE International Conference on Services Computing (SCC)*, 249–52: IEEE.

Kaaniche, Nesrine und Maryline Laurent. 2017. „A blockchain-based data usage auditing architecture with enhanced privacy and availability." In *2017 IEEE 16th International Symposium on Network Computing and Applications (NCA)*, 1–5: IEEE.

Kitchenham, Barbara, O. P. Brereton, David Budgen, Mark Turner, John Bailey und Stephen Linkman. 2009. „Systematic literature reviews in software engineering–a systematic literature review." *Information and software technology* 51 (1): 7–15.

Lacity, Mary C. 2018. „Addressing Key Challenges to Making Enterprise Blockchain Applications a Reality." *MIS Quarterly Executive* 17 (3): 201–22. http://search.ebscohost.com/login.aspx?direct=true&db=bsu&AN=131666793&site=ehost-live.

Lindman, Juho, Virpi K. Tuunainen und Matti Rossi. 2017. „Opportunities and Risks of Blockchain Technologies: A Research Agenda." In *Proceedings of the 50th Hawaii International Conference on System Sciences*, 1533–42.

Mendling, Jan, Ingo Weber, Wil van der Aalst, Jan Vom Brocke, Cristina Cabanillas, Florian Daniel, Søren Debois et al. 2018. „Blockchains for Business Process Management - Challenges and Opportunities." *ACM Trans. Manage. Inf. Syst.* 9 (1): 4:1-4:16. doi:10.1145/3183367.

Mertz, Leslie. 2018. „Hospital CIO Explains Blockchain Potential: an Interview with Beth Israel Deaconess Medical Center's John Halamka." *IEEE pulse* 9 (3): 8–9. doi:10.1109/MPUL.2018.2814878.

Nakamoto, Satoshi. 2008. „Bitcoin: A Peer-to-Peer Electronic Cash System." Zugriff: 21. September 2018. https://bitcoin.org/bitcoin.pdf.

Neyer, Gene und Benjamin Geva. 2017. „Blockchain and payment systems: What are the benefits and costs?". *Journal of Payments Strategy & Systems* 11 (3): 215–25. http://search.ebscohost.com/login.aspx?direct=true&db=bsu&AN=126901333&site=ehost-live.

Nomura Research Institute. 2016. „Survey on Blockchain Technologies and Related Services." Zugriff: 22. September 2018. http://www.meti.go.jp/english/press/2016/pdf/0531_01f.pdf.

Nowiński, Witold und Miklós Kozma. 2017. „How Can Blockchain Technology Disrupt the Existing Business Models?". *Entrepreneurial Business & Economics Review* 5 (3): 173–88. doi:10.15678/EBER.2017.050309.

Peters, Gareth W. und Efstathios Panayi. 2016. „Understanding modern banking ledgers through blockchain technologies: Future of transaction processing and smart contracts on the internet of money." In *Banking Beyond Banks and Money*, 239–78: Springer.

Porru, Simone, Andrea Pinna, Michele Marchesi und Roberto Tonelli. 2017. „Blockchain-oriented Software Engineering: Challenges and New Directions." In *Proceedings of the 39th International Conference on Software Engineering Companion*, 169–71. ICSE-C '17. Piscataway, NJ, USA: IEEE Press. https://doi.org/10.1109/ICSE-C.2017.142.

Reyna, Ana, Cristian Martín, Jaime Chen, Enrique Soler und Manuel Díaz. 2018. „On blockchain and its integration with IoT. Challenges and opportunities." *Future Generation Computer Systems* 88:173–90.

Rimba, Paul, An B. Tran, Ingo Weber, Mark Staples, Alexander Ponomarev und Xiwei Xu. 2017. „Comparing Blockchain and Cloud Services for Business Process Execution." In *2017 IEEE International Conference on Software Architecture (ICSA)*, 257–60: IEEE.

Smith, Sean S. 2018. „Blockchain Augmented Audit - Benefits and Challenges For Accounting Professionals." *Journal of Theoretical Accounting Research* 14 (1): 117–37. http://search.ebscohost.com/login.aspx?direct=true&db=bsu&AN=131747318&site=ehost-live.

Surujnath, Ryan. 2017. „Off The Chain! A Guide To Blockchain Derivatives Markets And The Implications On Systemic Risks." *Fordham Journal of Corporate & Financial Law* 22 (2): 257–304. http://search.ebscohost.com/login.aspx?direct=true&db=bsu&AN=123894444&site=ehost-live.

Szewczyk, Pawel. 2017. „Potential Applications Of The Blockchain Technoloy In Healthcare." *POTENCJALNE ZASTOSOWANIA TECHNOLOGII BLOCKCHAIN W OCHRONIE ZDROWIA* (108): 395–402. http://search.ebscohost.com/login.aspx?direct=true&db=bsu&AN=125934462&site=ehost-live.

Tasatanattakool, Pinyaphat und Chian Techapanupreeda. 2018. „Blockchain: Challenges and applications." In *2018 International Conference on Information Networking (ICOIN)*, 473–75: IEEE.

Timmers, Paul. 1998. „Business Models for Electronic Markets." *Electronic Markets* 8 (2): 3–8. doi:10.1080/10196789800000016.

Underwood, Sarah. 2016. „Blockchain beyond bitcoin." *Commun. ACM* 59 (11): 15–17. doi:10.1145/2994581.

White, Gareth R.T. 2017. „Future applications of blockchain in business and management: A Delphi study." *Strategic Change* 26 (5): 439–51. doi:10.1002/jsc.2144.

Zhang, Yu und Jiangtao Wen. 2017. „The IoT electric business model: Using blockchain technology for the internet of things." *Peer-to-Peer Networking & Applications* 10 (4). doi:10.1007/s12083-016-0456-1.

Zhao, J. L., Shaokun Fan und Jiaqi Yan. 2016. „Overview of business innovations
and research opportunities in blockchain and introduction to the special issue." *Financial Innovation*, 2-8.

Zheng, Zibin, Shaoan Xie, Hongning Dai, Xianping Chen und Huaimin Wang. 2017.
„Blockchain Challenges and Opportunities: A Survey." *International Journal of
Web and Grid Services*.

Zott, Christoph, Raphael Amit und Lorenzo Massa. 2011. „The Business Model: Re-
cent Developments and Future Research." *Journal of Management* 37 (4): 1019–
42. doi:10.1177/0149206311406265.